LONG MULTIPLICATION WORKSHEETS

Ages 9-13

Week 1 - Two Digit Multiplier

$\quad$ 633 $\times \quad$ 65	$\quad$ 742 $\times \quad$ 80
$\quad$ 235 $\times \quad$ 22	$\quad$ 567 $\times \quad$ 57
$\quad$ 379 $\times \quad$ 16	$\quad$ 917 $\times \quad$ 33
$\quad$ 237 $\times \quad$ 85	$\quad$ 641 $\times \quad$ 64
$\quad$ 618 $\times \quad$ 10	$\quad$ 392 $\times \quad$ 92

Week 2 - Two Digit Multiplier

```
      527              539
  X    52          X    93
    . . . .          . . . .
  +  . . . .       +  . . . .
    . . . .          . . . .
```

```
      268              948
  X    34          X    86
    . . . .          . . . .
  +  . . . .       +  . . . .
    . . . .          . . . .
```

```
      228              988
  X    45          X    55
    . . . .          . . . .
  +  . . . .       +  . . . .
    . . . .          . . . .
```

```
      156              684
  X    75          X    55
      . . .          . . . .
  +  . . . .       +  . . . .
    . . . .          . . . .
```

```
      377              927
  X    39          X    39
    . . . .          . . . .
  +  . . . .       +  . . . .
    . . . .          . . . .
```

Week 3 - Two Digit Multiplier

```
      2 9 6              4 1 0
  X    9 2           X    7 0
  -------              -------
       . . .                . .
  +  . . . .          +  . . . . .
  ---------           -----------
     . . . . .           . . . . .
```

```
      8 6 8              2 8 8
  X    9 5           X    1 2
  -------              -------
       . . .                . . .
  +  . . . .          +  . . . .
  ---------           ---------
     . . . . .           . . . . .
```

```
      6 2 4              7 0 2
  X    4 5           X    8 3
  -------              -------
       . . . .              . . . .
  +  . . . .          +  . . . . .
  ---------           -----------
     . . . . .           . . . . .
```

```
      5 7 5              3 0 6
                     X    6 6
  X      5            -------
  -------                . . . .
     . . . .         +  . . . . .
                     -----------
                        . . . . .
```

```
        9 0              8 4 3
  X    7 9           X    3 6
  -------              -------
       . . .                . . . .
  +  . . . .          +  . . . . .
  ---------           -----------
     . . . . .           . . . . .
```

Week 4 - Two Digit Multiplier

735 × 29	62 × 83
381 × 87	289 × 68
409 × 23	500 × 6
439 × 26	159 × 65
154 × 54	473 × 83

Week 5 - Two Digit Multiplier

```
    945              787
×    34          ×    39
  . . . .          . . . .
+ . . . . .      + . . . . .
  . . . . .        . . . . .
```

```
    415              466
×    54          ×    78
  . . . .          . . . .
+ . . . . .      + . . . . .
  . . . . .        . . . . .
```

```
    132              472
×    45          ×    43
    . . .          . . . .
+ . . . .        + . . . . .
  . . . .          . . . . .
```

```
     91              192
                 ×    78
×     6            . . . .
                 + . . . . .
    . . .          . . . . .
```

```
    185              538
×    28          ×    34
  . . . .          . . . .
+ . . . .        + . . . . .
  . . . . .        . . . . .
```

Week 6 - Two Digit Multiplier

```
      39
  X    6
  ─────
   . . .
```

```
       63
  X    90
  ──────
        .
  +  . . . .
  ─────────
     . . . .
```

```
      880
  X    85
  ──────
     . . . .
  + . . . . .
  ──────────
    . . . . .
```

```
      250
  X    31
  ──────
      . . .
  + . . . .
  ─────────
    . . . .
```

```
      487
  X    11
  ──────
      . . .
  +  . . . .
  ─────────
     . . . .
```

```
      222
  X    21
  ──────
      . . .
  +  . . . .
  ─────────
     . . . .
```

```
       87
  X    87
  ──────
      . . .
  +  . . . .
  ─────────
     . . . .
```

```
      615
  X    46
  ──────
     . . . .
  + . . . . .
  ──────────
    . . . . .
```

```
      920
  X    25
  ──────
     . . . .
  +  . . . . .
  ──────────
     . . . . .
```

```
      807
  X    20
  ──────
        .
  +  . . . . .
  ──────────
     . . . . .
```

Week 7 - Two Digit Multiplier

| ```
      833
  x    82
  ─────────
      . ...
  +  .. ...
  ─────────
     .. ...
  ``` | ```
      984
  x    39
  ─────────
      . ...
  +  .. ...
  ─────────
     .. ...
  ``` |
| ```
      266
  x    61
  ─────────
       ...
  +  .. ...
  ─────────
     .. ...
  ``` | ```
      501
  x    53
  ─────────
      . ...
  +  .. ...
  ─────────
     .. ...
  ``` |
| ```
      972
  x    84
  ─────────
      . ...
  +  .. ...
  ─────────
     .. ...
  ``` | ```
      390
  x    42
  ─────────
       ...
  +  .. ...
  ─────────
     .. ...
  ``` |
| ```
      808
  x    24
  ─────────
      . ...
  +  .. ...
  ─────────
     .. ...
  ``` | ```
      187
  x    85
  ─────────
       ...
  +  .. ...
  ─────────
     .. ...
  ``` |
| ```
      140
  x    40
  ─────────
        .
  +  . ...
  ─────────
     . ...
  ``` | ```
      159
  x    39
  ─────────
      . ...
  +  . ...
  ─────────
     . ...
  ``` |

Week 8 - Two Digit Multiplier

440 × 22	990 × 15
400 × 90	289 × 88
508 × 50	94 × 36
306 × 10	717 × 58
683 × 24	88 × 66

Week 9 - Two Digit Multiplier

729 × 65	219 × 26
155 × 43	493 × 48
908 × 37	141 × 54
583 × 78	375 × 55
949 × 94	591 × 27

Week 10 - Two Digit Multiplier

```
      15              32
  X   47          X   70
     . . .            .
  + . . .         + . . . .
    . . .           . . . .


     808             531
  X   57          X   93
    . . . .         . . . .
  + . . . . .     + . . . . .
    . . . . .       . . . . .


     459             313
  X   98          X   21
    . . . .           . . .
  + . . . . .     + . . . .
    . . . . .       . . . .


     630             428
  X   54          X   78
    . . . .         . . . .
  + . . . . .     + . . . . .
    . . . . .       . . . . .


     952             254
  X   92          X   86
    . . . .         . . . .
  + . . . . .     + . . . . .
    . . . . .       . . . . .
```

Week 11 - Two Digit Multiplier

```
      9 9 0              3 0 0
  X     6 5          X     6 3
  ———————              ———————
       . . .                . . .
  + . . . .            + . . . .
  ———————              ———————
    . . . . .            . . . . .
```

```
      4 5 5              2 1 8
  X     3 0          X     9 3
  ———————              ———————
          .                 . . .
  + . . . .            + . . . .
  ———————              ———————
    . . . . .            . . . . .
```

```
      9 6 8              9 5 4
  X     5 1          X     3 0
  ———————              ———————
       . . .                   .
  + . . . .            + . . . .
  ———————              ———————
    . . . . .            . . . . .
```

```
      6 1 6              2 8 0
  X     7 4          X     8 9
  ———————              ———————
      . . . .             . . . .
  + . . . .            + . . . .
  ———————              ———————
    . . . . .            . . . . .
```

```
      2 5 5              6 0 0
  X     4 6          X     2 0
  ———————              ———————
      . . . .                 .
  + . . . .            + . . . .
  ———————              ———————
    . . . . .            . . . . .
```

Week 12 - Two Digit Multiplier

824
×   42
―――――
  . . . .
+ . . . . .
―――――
. . . . .
	75
	× 17
	―――――
	  . . .
	+ . . .
	―――――
	. . . .

762
×   20
―――――
     .
+ . . . . .
―――――
. . . . .
	74
	
	× 4
	―――――
	  . . .

674
×   63
―――――
  . . . .
+ . . . . .
―――――
. . . . .
	801
	× 75
	―――――
	  . . . .
	+ . . . . .
	―――――
	. . . . .

959
×   59
―――――
  . . . .
+ . . . . .
―――――
. . . . .
	789
	× 33
	―――――
	  . . . .
	+ . . . . .
	―――――
	. . . . .

691
×   53
―――――
  . . . .
+ . . . . .
―――――
. . . . .
	718
	× 51
	―――――
	  . . .
	+ . . . . .
	―――――
	. . . . .

Week 13 - Two Digit Multiplier

249 × 13	774 × 92
113 × 46	944 × 78
546 × 52	791 × 19
906 × 28	67 × 19
29 × 30	914 × 64

Week 14 - Three Digit Multiplier

```
      972              576
  x   105          x   590
  -------          -------
       . ...             .
  +   .                + ... ...
  + .. ...           + ... ...
  ---------         ---------
      ... ...           ... ...


      230              413
  x   344          x   594
  -------          -------
        ...             . ...
  +   . ...          + ... ...
  + .. ...           + ... ...
  ---------         ---------
     .. ...            ... ...


      108              961
  x   767          x   238
  -------          -------
        ...             . ...
  +   . ...          + .. ...
  + .. ...           + ... ...
  ---------         ---------
     .. ...            ... ...


      848              272
  x   635          x   362
  -------          -------
       . ...            ...
  +   .. ...         + .. ...
  + ... ...          + ... ...
  ---------         ---------
    ... ...            ... ...


      836              678
  x   338          x   525
  -------          -------
       . ...            ...
  +   .. ...         + .. ...
  + ... ...          + ... ...
  ---------         ---------
    ... ...            ... ...
```

Week 15 - Three Digit Multiplier

```
       415                        6
  X    237                   X  702
     . . . .                     . .
  + . . . . .                +  . .
  + . . . . .                + . . . .
  ─────────                   ─────────
    . . . . .                  . . . . .
```

```
       964                      519
  X    466                   X  161
    . . . .                     . . .
  + . . . . .                + . . . .
  + . . . . . .              + . . . .
  ─────────                   ─────────
    . . . . . .                . . . . .
```

```
       233                      165
  X    226                   X  635
    . . . .                     . . .
  +  . . . .                 +  . . . .
  + . . . . .                + . . . . .
  ─────────                   ─────────
    . . . . .                  . . . . . .
```

```
       110                      626
  X     13                   X  241
    . . .                        . . .
  +  . . . .                 + . . . .
  ─────────                  + . . . . .
    . . . .                   ─────────
                               . . . . . .
```

```
       461                      852
  X    531                   X  816
    . . .                       . . . .
  +  . . . .                 + . . . .
  + . . . . .                + . . . . .
  ─────────                   ─────────
    . . . . .                  . . . . . .
```

Week 16 - Three Digit Multiplier

```
      759              227
  x   245          x    24
     ....              ...
  + .. ...        + . ...
  +... ...           . ...
     ... ...
```

```
      897              545
  x   685          x   473
     ....              ...
  + .. ...        + .  ...
  +... ...        + .. ...
     ... ...          .. ...
```

```
      356              400
  x   977          x   770
     ....              ...
  + .. ...        + .  ...
  +... ...        + ..  ...
     ... ...          .. ...
```

```
      214              472
  x   404          x   179
     ...              ....
  +   .           + .. ...
  +.. ...         + .. ...
     .. ...          .. ...
```

```
      868              339
  x   989          x   102
     ....              ...
  + .. ...        +  .
  +... ...        + .. ...
     ... ...          .. ...
```

Week 17 - Three Digit Multiplier

216 × 502	735 × 324
513 × 362	563 × 973
892 × 416	789 × 651
659 × 17	674 × 556
700 × 219	30 × 56

Week 18 - Three Digit Multiplier

409 × 861	169 × 68
547 × 554	666 × 952
147 × 618	635 × 182
796 × 717	267 × 876
850 × 851	873 × 822

Week 19 - Three Digit Multiplier

$\ \ 691$ $\times\ \ \ \ 58$	$\ \ 158$ $\times\ \ 283$
$\ \ 293$ $\times\ \ 859$	$\ \ 656$ $\times\ \ 109$
$\ \ 351$ $\times\ \ 576$	$\ \ 528$ $\times\ \ 225$
$\ \ 952$ $\times\ \ 973$	$\ \ 103$ $\times\ \ \ \ 59$
$\ \ 592$ $\times\ \ 350$	$\ \ 335$ $\times\ \ 715$

Week 20 - Three Digit Multiplier

```
      489              694
  X   652          X   881
      ...              ...
  +  .. ...        +  .. ...
  + ... ...        + ... ...
  ─────────        ─────────
    ... ...          ... ...
```

```
      785              568
  X   946          X   686
     . ...            . ...
  +  .. ...        +  .. ...
  + ... ...        + ... ...
  ─────────        ─────────
    ... ...          ... ...
```

```
      660              457
  X   918          X   455
     . ...            . ...
  +  .  ...        +  .. ...
  + ... ...        + ... ...
  ─────────        ─────────
    ... ...          ... ...
```

```
      888              523
  X   998          X   459
     . ...            . ...
  +  .. ...        +  .. ...
  + ... ...        + ... ...
  ─────────        ─────────
    ... ...          ... ...
```

```
      809              865
  X   218          X    18
     . ...            . ...
  +  . ...         +  . ...
  + ... ...        ─────────
  ─────────          .. ...
    ... ...
```

Week 21 - Three Digit Multiplier

```
       6 2
  X  6 5 8
       . . .
  +   .  . . .
  + . .  . . .
     . .  . . .
```

```
      1 1 6
  X   9 2 2
        . . .
  +   .  . . .
  + . . .  . . .
    . . .  . . .
```

```
       4 1
  X  2 0 4
       . . .
  +   .   .
  +  .  . . .
      .  . . .
```

```
      8 7 1
  X   9 7 6
      .  . . .
  +  . .  . . .
  + . . .  . . .
    . . .  . . .
```

```
       1 6
  X  3 9 5
        . .
  +   .  . . .
  +  .  . . .
     .  . . .
```

```
       3 9
  X  3 9 5
       . . .
  +   .  . . .
  +  . .  . . .
     . .  . . .
```

```
       9 3
  X  9 6 1
        . .
  +   .  . . .
  +  . .  . . .
     . .  . . .
```

```
      2 5 9
  X   1 8 2
        . . .
  +   . .  . . .
  +  . .  . . .
     . .  . . .
```

```
      9 9 1
  X   3 9 4
       . . .
  +   .  . . .
  +  . .   . . .
     . . .  . . .
```

```
      8 9 3
  X   9 7 1
        . . .
  +   . .  . . .
  +  . . .  . . .
    . . .  . . .
```

Week 22 - Three Digit Multiplier

433 × 80	555 × 943
622 × 789	148 × 983
252 × 71	439 × 531
615 × 135	535 × 778
266 × 210	379 × 828

Week 23 - Three Digit Multiplier

567 × 606	49 × 273
243 × 838	752 × 662
876 × 873	972 × 309
952 × 528	253 × 575
318 × 399	558 × 569

Week 24 - Three Digit Multiplier

```
        1 3 3
  X     3 0 1
        . . .
  +   .     .
  +  . .   . .
     _____
     . .   . . .
```

```
        1 0 3
  X       5 4
        . . .
  +   . . . .
     _____
      . . . .
```

```
        7 6 8
  X     4 9 7
        . . . .
  +   . .   . .
  +  . . .   . .
     _____
     . . .   . . .
```

```
        3 4 2
  X     9 6 6
        . . . .
  +   . .   . .
  +  . .   . . .
     _____
     . . .   . . .
```

```
         1 1
  X     2 6 7
         . .
  +     . . .
  +    . . . .
     _____
       . . . .
```

```
        1 7 9
  X     8 5 6
        . . . .
  +   .   . . .
  +  . . .   . .
     _____
     . . .   . . .
```

```
        5 5 9
  X     8 1 9
        .   . . .
  +   .   . . .
  +  . . .   . .
     _____
     . . .   . .
```

```
        4 2 4
  X       2 1
        . . .
  +   .   . . .
     _____
      . . . .
```

```
        4 0 0
  X     4 0 1
        . . .
  +   .       .
  +  . . .   .
     _____
     . . .   . . .
```

```
        4 0 6
  X     1 3 1
        . . .
  +   . . . .
  +  . .   . . .
     _____
     . .   . . .
```

Week 25 - Three Digit Multiplier

```
      574              695
  X   920          X   976
```

```
      532              819
  X   784          X   164
```

```
      717               86
  X   502          X   849
```

```
      801              902
  X   187          X   570
```

```
      683              537
  X   244          X   693
```

Week 26 - Multiplier to 1 decimal place

$\quad\quad 71$ $\times \quad 5,6$ ——— $\quad\quad . \, . \, .$ $+ \quad . \, . \, . \, .$ ——— $\quad . \, . \, . \, .$	$\quad\quad 88$ $\times \quad 5,5$ ——— $\quad\quad . \, . \, .$ $+ \quad . \, . \, . \, .$ ——— $\quad . \, . \, . \, .$
$\quad\quad 27$ $\times \quad 9,0$ ——— $\quad\quad . \, .$ $+ \quad . \, . \, . \, .$ ——— $\quad . \, . \, . \, .$	$\quad\quad 83$ $\times \quad 6,2$ ——— $\quad\quad . \, . \, .$ $+ \quad . \, . \, . \, .$ ——— $\quad . \, . \, . \, .$
$\quad\quad 64$ $\times \quad 2,4$ ——— $\quad\quad . \, . \, .$ $+ \quad . \, . \, . \, .$ ——— $\quad . \, . \, . \, .$	$\quad\quad 66$ $\times \quad 7,0$ ——— $\quad\quad . \, .$ $+ \quad . \, . \, . \, .$ ——— $\quad . \, . \, . \, .$
$\quad\quad 19$ $\times \quad 7,6$ ——— $\quad\quad . \, . \, .$ $+ \quad . \, . \, . \, .$ ——— $\quad . \, . \, . \, .$	$\quad\quad 81$ $\times \quad 3,9$ ——— $\quad\quad . \, . \, .$ $+ \quad . \, . \, . \, .$ ——— $\quad . \, . \, . \, .$
$\quad\quad 32$ $\times \quad 3,7$ ——— $\quad\quad . \, . \, .$ $+ \quad . \, . \, .$ ——— $\quad . \, . \, . \, .$	$\quad\quad 43$ $\times \quad 1,0$ ——— $\quad\quad . \, .$ $+ \quad . \, . \, .$ ——— $\quad . \, . \, . \, .$

Week 27 - Multiplier to 1 decimal place

91 $\times\ \ 2,2$ —— $\ \ \ \ \ldots\ .$ $+\ \ldots\ .$ —— $\ \ \ \ldots\ .$	33 $\times\ \ 2,4$ —— $\ \ \ \ \ldots\ .$ $+\ \ldots\ .$ —— $\ \ \ \ldots\ .$
37 $\times\ \ 3,9$ —— $\ \ \ \ \ldots\ .$ $+\ \ldots\ .$ —— $\ \ \ \ldots\ .$	51 $\times\ \ 3,9$ —— $\ \ \ \ \ldots\ .$ $+\ \ldots\ .$ —— $\ \ \ \ldots\ .$
46 $\times\ \ 2,6$ —— $\ \ \ \ \ldots\ .$ $+\ \ldots\ .$ —— $\ \ \ \ldots\ .$	61 $\times\ \ 2,9$ —— $\ \ \ \ \ldots\ .$ $+\ \ldots\ .$ —— $\ \ \ \ldots\ .$
2 $\times\ \ 1,4$ —— $\ \ \ \ldots\ .$ $+\ \ldots\ .$ —— $\ \ \ldots\ .$	81 $\times\ \ 6,8$ —— $\ \ \ \ \ldots\ .$ $+\ \ldots\ .$ —— $\ \ \ \ldots\ .$
33 $\times\ \ 6,3$ —— $\ \ \ \ldots\ .$ $+\ \ldots\ .$ —— $\ \ \ \ldots\ .$	30 $\times\ \ 5,7$ —— $\ \ \ \ \ldots\ .$ $+\ \ldots\ .$ —— $\ \ \ \ldots\ .$

Week 28 - Multiplier to 1 decimal place

43 $\times2{,}7$ $\ldots\,.$ $+\ldots\,.$ $\ldots\,.$	46 $\times3{,}3$ $\ldots\,.$ $+\ldots\,.$ $\ldots\,.$
91 $\times8{,}3$ $\ldots\,.$ $+\ldots\,.$ $\ldots\,.$	4 $\times6{,}2$ $\ldots$ $+\ldots\,.$ $\ldots\,.$
85 $\times5{,}6$ $\ldots\,.$ $+\ldots\,.$ $\ldots\,.$	80 $\times6{,}2$ $\ldots\,.$ $+\ldots\,.$ $\ldots\,.$
51 $\times8{,}3$ $\ldots\,.$ $+\ldots\,.$ $\ldots\,.$	12 $\times7{,}0$ $\ldots$ $+\ldots\,.$ $\ldots\,.$
11 $\times2{,}6$ $\ldots$ $+\ldots$ $\ldots$	62 $\times3{,}5$ $\ldots\,.$ $+\ldots\,.$ $\ldots\,.$

Week 29 - Multiplier to 1 decimal place

```
      28              64
X    3,8         X   3,2
   . . .           . . . .
+  . . .        + . . . .
  . . . .         . . . .
```

```
      29              94
X    6,7         X   5,8
   . . .           . . . .
+  . . . .      + . . . .
  . . . .         . . . .
```

```
       9              16
X    1,0         X   4,3
    . .            . . .
+   . .         + . . .
    . .           . . .
```

```
      87              22
X    1,7         X   3,5
   . . .           . . .
+  . . .        + . . .
  . . . .         . . . .
```

```
      93              99
X    3,9         X   8,6
   . . .           . . .
+  . . . .      + . . . .
  . . . .         . . . .
```

Week 30 - Multiplier to 1 decimal place

$\quad\quad 24$ $\times \quad 5,4$ —————— $\quad\quad . \ .$ $+ \ . \ . \ .$ —————— $\quad . \ . \ . \ .$	$\quad\quad 26$ $\times \quad 7,2$ —————— $\quad\quad . \ .$ $+ \ . \ . \ .$ —————— $\quad . \ . \ . \ .$
$\quad\quad 57$ $\times \quad 7,1$ —————— $\quad\quad . \ .$ $+ \ . \ . \ .$ —————— $\quad . \ . \ . \ .$	$\quad\quad 70$ $\times \quad 9,0$ —————— $\quad\quad . \ .$ $+ \ . \ . \ .$ —————— $\quad . \ . \ . \ .$
$\quad\quad 40$ $\times \quad 4,4$ —————— $\quad\quad . \ . \ .$ $+ \ . \ . \ .$ —————— $\quad . \ . \ . \ .$	$\quad\quad 96$ $\times \quad 3,3$ —————— $\quad\quad . \ . \ .$ $+ \ . \ . \ .$ —————— $\quad . \ . \ . \ .$
$\quad\quad 25$ $\times \quad 4,3$ —————— $\quad\quad . \ .$ $+ \ . \ . \ .$ —————— $\quad . \ . \ .$	$\quad\quad 56$ $\times \quad 3,1$ —————— $\quad\quad . \ .$ $+ \ . \ . \ .$ —————— $\quad . \ . \ . \ .$
$\quad\quad 11$ $\times \quad 3,1$ —————— $\quad\quad . \ .$ $+ \ . \ . \ .$ —————— $\quad . \ . \ .$	$\quad\quad 40$ $\times \quad 5,6$ —————— $\quad\quad . \ . \ .$ $+ \ . \ . \ .$ —————— $\quad . \ . \ . \ .$

Week 31 - Multiplier to 1 decimal place

3 $\underline{X\ \ 2{,}9}$ $.\ .$ $\underline{+\ .\ .\ }$ $.\ .$	19 $\underline{X\ \ \ 9{,}0}$ $.\ .$ $\underline{+\ .\ .\ .\ }$ $.\ .\ .\ .$
25 $\underline{X\ \ \ 6{,}3}$ $.\ .$ $\underline{+\ .\ .\ .\ }$ $.\ .\ .\ .$	61 $\underline{X\ \ \ 8{,}9}$ $.\ .\ .$ $\underline{+\ .\ .\ .\ }$ $.\ .\ .\ .$
2 $\underline{X\ 3{,}2}$ $.\ .$ $\underline{+\ .\ .\ }$ $.\ .$	45 $\underline{X\ \ \ 5{,}1}$ $.\ .$ $\underline{+\ .\ .\ .\ }$ $.\ .\ .\ .$
14 $\underline{X\ \ \ 7{,}4}$ $.\ .$ $\underline{+\ .\ .\ .\ }$ $.\ .\ .\ .$	31 $\underline{X\ \ \ 2{,}8}$ $.\ .\ .$ $\underline{+\ .\ .\ .\ }$ $.\ .\ .\ .$
65 $\underline{X\ \ \ 7{,}6}$ $.\ .$ $\underline{+\ .\ .\ .\ }$ $.\ .\ .\ .$	57 $\underline{X\ \ \ 4{,}0}$ $.\ .$ $\underline{+\ .\ .\ .\ }$ $.\ .\ .\ .$

Week 32 - Multiplier to 1 decimal place

$\quad\quad 419$ $\times \quad\quad 9,0$	$\quad\quad 216$ $\times \quad\quad 8,7$
$\quad\quad 368$ $\times \quad\quad 7,7$	$\quad\quad\quad 8$ $\times \quad\quad 7,3$
$\quad\quad 454$ $\times \quad\quad 7,1$	$\quad\quad 620$ $\times \quad\quad 7,0$
$\quad\quad 613$ $\times \quad\quad 2,2$	$\quad\quad 677$ $\times \quad\quad 5,3$
$\quad\quad 526$ $\times \quad\quad 4,7$	$\quad\quad 854$ $\times \quad\quad 6,3$

Week 33 - Multiplier to 1 decimal place

$\ 145$ $\times\ \ \ 7{,}2$	$\ 593$ $\times\ \ \ 7{,}8$
$\ 708$ $\times\ \ \ 6{,}5$	$\ 152$ $\times\ \ \ 4{,}4$
$\ \ 63$ $\times\ \ \ 4{,}3$	$\ 977$ $\times\ \ \ 2{,}7$
$\ 913$ $\times\ \ \ 3{,}7$	$\ 610$ $\times\ \ \ 2{,}6$
$\ 402$ $\times\ \ \ 2{,}5$	$\ 292$ $\times\ \ \ 7{,}6$

Week 34 - Multiplier to 1 decimal place

| ``` 
      87
X    2,5
   -----
    . . .
+  . . . .
   -------
   . . . . .
``` | ```
     543
X    6,9
   -----
   . . . .
+ . . . . .
  ---------
  . . . . .
``` |
| ```
     764
X    7,0
   -----
    . .
+ . . . . .
  ---------
  . . . . .
``` | ```
     781
X    6,8
   -----
   . . . .
+ . . . . .
  ---------
  . . . . .
``` |
| ```
     332
X    4,0
   -----
    . .
+  . . . .
   -------
   . . . . .
``` | ```
     250
X    5,2
   -----
    . . .
+ . . . . .
  ---------
  . . . . .
``` |
| ```
     505
X    8,6
   -----
   . . . .
+  . . . .
   -------
   . . . . .
``` | ```
      24
X    6,3
   -----
    . .
+  . . . .
   -------
   . . . . .
``` |
| ```
     107
X    8,1
   -----
    . . .
+  . . . .
   -------
   . . . . .
``` | ```
     532
X    7,4
   -----
   . . . .
+ . . . . .
  ---------
  . . . . .
``` |

Week 35 - Multiplier to 1 decimal place

490 × 5,4	738 × 7,6
748 × 6,8	744 × 6,3
177 × 7,3	388 × 3,8
820 × 8,6	952 × 6,2
643 × 7,3	278 × 8,9

Week 36 - Multiplier to 1 decimal place

```
      6 7 6              4 6 4
X       3,3        X       3,7
  ────────────       ────────────
      . . . .            . . . .
+   . . . . .      +   . . . . .
  ────────────       ────────────
    . . . . .          . . . . .
```

```
      6 2 0              9 8 2
X       3,1        X       2,6
  ────────────       ────────────
      . . . .            . . . .
+   . . . . .      +   . . . . .
  ────────────       ────────────
    . . . . .          . . . . .
```

```
      9 4 9              7 1 8
X       8,8        X       2,7
  ────────────       ────────────
      . . . .            . . . .
+   . . . . .      +   . . . . .
  ────────────       ────────────
    . . . . .          . . . . .
```

```
      6 9 2              9 1 3
X       4,2        X       4,9
  ────────────       ────────────
      . . . .            . . . .
+   . . . . .      +   . . . . .
  ────────────       ────────────
    . . . . .          . . . . .
```

```
      9 5 6              7 5 5
X       2,5        X       2,1
  ────────────       ────────────
      . . . .              . . .
+   . . . . .      +   . . . . .
  ────────────       ────────────
    . . . . .          . . . . .
```

Week 37 - Multiplier to 1 decimal place

43 × 5,7	440 × 5,9
458 × 5,3	169 × 6,0
328 × 7,0	333 × 7,8
192 × 2,5	620 × 8,7
752 × 4,6	557 × 8,6

Week 38 - Multiplier to 1 decimal place

399 × 7,3	140 × 4,3
988 × 7,3	406 × 4,8
830 × 6,9	203 × 5,6
891 × 6,7	756 × 5,7
821 × 7,3	616 × 7,5

Week 39 - Multiplying decimals

```
    1 3 , 3
X   1 8 , 9
-----------
    . . . .
+  . . . .
+ . . . . .
-----------
  . . . . .
```

```
    8 0 , 5
X   6 9 , 3
-----------
    . . . .
+  . . . .
+ . . . . .
-----------
  . . . . .
```

```
    7 0 , 2
X   2 2 , 5
-----------
    . . . .
+  . . . .
+ . . . . .
-----------
  . . . . .
```

```
    4 2 , 8
X   8 1 , 6
-----------
    . . . .
+  . . . .
+ . . . . .
-----------
  . . . . .
```

```
    5 3 , 0
X   2 2 , 1
-----------
     . . .
+  . . . .
+ . . . . .
-----------
  . . . . .
```

```
    9 2 , 3
X   8 7 , 2
-----------
    . . . .
+  . . . .
+ . . . . .
-----------
  . . . . .
```

```
    5 8 , 8
X   5 8 , 7
-----------
    . . . .
+  . . . .
+ . . . . .
-----------
  . . . . .
```

```
    3 3 , 4
X   7 6 , 1
-----------
     . . .
+  . . . .
+ . . . . .
-----------
  . . . . .
```

```
    8 4 , 5
X   7 6 , 2
-----------
    . . . .
+  . . . .
+ . . . . .
-----------
  . . . . .
```

```
    1 3 , 1
X   6 2 , 1
-----------
     . . .
+   . . . .
+ . . . . .
-----------
  . . . . .
```

Week 40 - Multiplying decimals

```
        6 9 , 3
  X     3 7 , 0
        . . . .
  +   . . . . .
  + . . . . . .
      . . . . . .
```

```
        7 0 , 4
  X     5 4 , 9
        . . . .
  +   . . . . .
  + . . . . . .
      . . . . . .
```

```
        9 6 , 3
  X     3 2 , 5
        . . . .
  +   . . . . .
  + . . . . . .
      . . . . . .
```

```
        7 , 7
  X   2 6 , 5
      . . . .
  +   . . . .
  + . . . . .
      . . . . .
```

```
        1 8 , 2
  X     1 3 , 3
        . . . .
  +   . . . . .
  + . . . . . .
      . . . . . .
```

```
        5 6 , 7
  X     6 7 , 1
        . . .
  +   . . . . .
  + . . . . . .
      . . . . . .
```

```
        5 , 3
  X   6 8 , 1
      . . .
  +   . . . .
  + . . . . .
      . . . . .
```

```
        8 4 , 7
  X     2 2 , 4
        . . . .
  +   . . . . .
  + . . . . . .
      . . . . . .
```

```
        6 3 , 0
  X     5 7 , 1
        . . .
  +   . . . . .
  + . . . . . .
      . . . . . .
```

```
        6 9 , 2
  X     4 5 , 9
        . . . .
  +   . . . . .
  + . . . . . .
      . . . . . .
```

Week 41 - Multiplying decimals

```
       4 9 , 7              2 0 , 1
   X   6 9 , 0          X   8 2 , 8
   ─────────              ─────────
         . . .                . . .
   +   . . . .          +   . . . .
   + . . . . .          + . . . . .
   ─────────              ─────────
     . . . . .              . . . . .
```

```
       5 1 , 6              1 8 , 1
   X   2 8 , 5          X     8 , 3
   ─────────              ─────────
         . . .                  . . .
   +   . . . .          +     . . . .
   + . . . . .            ─────────
   ─────────                . . . .
     . . . . .
```

```
       8 7 , 1              7 4 , 3
   X   8 7 , 9          X   3 9 , 6
   ─────────              ─────────
         . . .                . . .
   +   . . . .          +   . . . .
   + . . . . .          + . . . . .
   ─────────              ─────────
     . . . . .              . . . . .
```

```
       3 7 , 0              9 8 , 6
   X   9 5 , 1          X   1 6 , 5
   ─────────              ─────────
         . . .                . . .
   +   . . . .          +   . . . .
   + . . . . .          + . . . . .
   ─────────              ─────────
     . . . . .              . . . . .
```

```
       1 9 , 0              3 4 , 9
   X   7 4 , 8          X   9 5 , 3
   ─────────              ─────────
         . . .                . . .
   +   . . . .          +   . . . .
   + . . . . .          + . . . . .
   ─────────              ─────────
     . . . . .              . . . . .
```

Week 42 - Multiplying decimals

37,7 × 8,8	84,0 × 31,7
24,2 × 50,7	16,9 × 43,2
72,7 × 4,9	43,7 × 23,4
72,0 × 61,8	7,1 × 24,5
88,4 × 23,3	30,9 × 76,5

Week 43 - Multiplying decimals

$\ \ 36{,}0$ $\times\ \ 75{,}4$	$\ \ 57{,}1$ $\times\ \ 46{,}8$
$\ \ 20{,}6$ $\times\ \ \ \ 8{,}1$	$\ \ 46{,}9$ $\times\ \ 33{,}7$
$\ \ 88{,}7$ $\times\ \ \ \ 2{,}8$	$\ \ 71{,}1$ $\times\ \ 21{,}0$
$\ \ 74{,}3$ $\times\ \ 37{,}9$	$\ \ 61{,}7$ $\times\ \ \ \ 7{,}5$
$\ \ 81{,}1$ $\times\ \ 35{,}3$	$\ \ 12{,}5$ $\times\ \ 68{,}0$

Week 44 - Multiplying decimals

12,1 × 　　6,1 ――――― 　　. . . + 　. . . . ――――― 　　. . . .	17,0 × 　 47,2 ――――― 　　. . . . + 　. . . . . + ... ――――― 　. . . . . .
2,1 × 　16,5 ――――― 　　. . . + 　. . . . + ... ――――― 　　. . . .	61,8 × 　 19,2 ――――― 　　. . . . + 　. . . . . + ... ――――― 　. . . . . .
89,4 × 　 94,7 ――――― 　　. . . . + 　. . . . . + ... ――――― 　.	15,5 × 　 28,1 ――――― 　　. . . + 　. . . . . + ... ――――― 　. . . . . .
4,4 × 　 97,5 ――――― 　　. . . + 　. . . . + ... ――――― 　.	57,9 × 　 26,7 ――――― 　　. . . . + 　. . . . . + ... ――――― 　. . . . . .
49,1 × 　 72,9 ――――― 　　. . . . + 　. . . . . + ... ――――― 　.	67,9 × 　 22,8 ――――― 　　. . . . + 　. . . . . + ... ――――― 　. . . . . .

Week 45 - Multiplying decimals

17,5 × 27,5	77,5 × 46,0
10,7 × 95,0	28,7 × 38,6
3,4 × 67,6	14,6 × 10,8
72,4 × 36,9	93,9 × 59,9
41,7 × 89,9	85,3 × 6,9

Week 46 - Multiplying decimals

```
    29,3              25,2
X   44,4          X   71,2
   . . ..            . . ..
+  . . . ..       +  . . . ..
+ . . . . ..      + . . . . ..
  . . . . ..        . . . . ..
```

```
     9,5              29,0
X   96,6          X   40,0
   . . ..            . . ..
+  . . . ..       +  . . . ..
+ . . . . ..      + . . . . ..
  . . . . ..        . . . . ..
```

```
    20,9              15,5
X   96,5          X   36,4
   . . ..            . . ..
+  . . . ..       +  . . . ..
+ . . . . ..      + . . . . ..
  . . . . ..        . . . . ..
```

```
    24,9              80,5
X   91,0          X   33,7
   . . ..            . . ..
+  . . . ..       +  . . . ..
+ . . . . ..      + . . . . ..
  . . . . ..        . . . . ..
```

```
    86,9              70,3
X   10,1          X   88,4
   . . ..            . . ..
+  . . . ..       +  . . . ..
+ . . . . ..      + . . . . ..
  . . . . ..        . . . . ..
```

Week 47 - Multiplying decimals

```
      2 5 , 6              5 9 , 3
  X   1 9 , 2          X   9 3 , 9
  ─────────────          ─────────────
         . . .                 . . . .
  +   . . . .           +   . . . . .
  + . . . . .           + . . . . . .
  ─────────────          ─────────────
    . . . . .              . . . . . .
```

```
      3 1 , 9              8 1 , 0
  X   5 1 , 7          X   3 9 , 4
  ─────────────          ─────────────
         . . .                 . . . .
  +   . . . .           +   . . . . .
  + . . . . .           + . . . . . .
  ─────────────          ─────────────
    . . . . .              . . . . . .
```

```
      8 6 , 0              1 1 , 7
  X   8 7 , 0          X   9 3 , 7
  ─────────────          ─────────────
         . . .                 . . .
  +   . . . .           +   . . . .
  + . . . . .           + . . . . .
  ─────────────          ─────────────
    . . . . .              . . . . .
```

```
      1 1 , 5              4 1 , 5
  X   2 5 , 6          X   4 1 , 0
  ─────────────          ─────────────
         . . .                 . . .
  +   . . . .           +   . . . .
  + . . . . .           + . . . . .
  ─────────────          ─────────────
    . . . . .              . . . . . .
```

```
      1 4 , 1              8 6 , 5
  X   1 0 , 4          X   2 1 , 8
  ─────────────          ─────────────
         . . .                 . . . .
  +   . . . .           +   . . . .
  + . . . . .           + . . . . . .
  ─────────────          ─────────────
    . . . . .              . . . . . .
```

Week 48 - Multiplying decimals

| ```
    75,8
x   83,0
--------
``` | ```
    97,2
x   49,1
--------
``` |
| ```
    20,8
x   92,1
--------
``` | ```
    10,0
x   60,6
--------
``` |
| ```
    82,9
x   93,4
--------
``` | ```
    65,5
x   13,2
--------
``` |
| ```
    38,8
x   88,8
--------
``` | ```
    82,5
x   46,3
--------
``` |
| ```
    86,4
x   12,4
--------
``` | ```
    84,4
x    8,3
--------
``` |

Week 49 - Multiplying decimals

75,8 X 83,0	97,2 X 49,1
20,8 X 92,1	10,0 X 60,6
82,9 X 93,4	65,5 X 13,2
38,8 X 88,8	82,5 X 46,3
86,4 X 12,4	84,4 X 8,3

Week 50 - Multiplying decimals

86,5 × 13,9	89,7 × 53,3
84,4 × 43,9	37,8 × 94,7
11,3 × 85,8	27,5 × 35,0
5,9 × 84,9	29,8 × 35,8
37,5 × 11,8	73,2 × 24,5

Week 51 - Multiplying decimals

3,7 × 6,9	72,7 × 20,2
10,6 × 62,5	13,3 × 95,7
71,3 × 73,4	10,3 × 5,8
93,4 × 92,9	35,5 × 3,7
56,2 × 29,5	81,7 × 45,9

Week 52 - Multiplying decimals

96,8 × 83,0	19,1 × 9,2
9,6 × 58,7	48,3 × 21,7
67,1 × 35,8	41,6 × 54,6
47,7 × 32,3	8,9 × 33,0
74,2 × 44,7	28,7 × 83,5

CORRECTIONS

Week 1   **CORRECTION**

| ```
      633
  x    65
    3 165
  + 37 980
   41 145
``` | ```
      742
  x    80
        0
  + 59 360
   59 360
``` |
| ```
      235
  x    22
      470
  + 4 700
    5 170
``` | ```
      567
  x    57
    3 969
  + 28 350
   32 319
``` |
| ```
      379
  x    16
    2 274
  + 3 790
    6 064
``` | ```
      917
  x    33
    2 751
  + 27 510
   30 261
``` |
| ```
      237
  x    85
    1 185
  + 18 960
   20 145
``` | ```
      641
  x    64
    2 564
  + 38 460
   41 024
``` |
| ```
      618
  x    10
        0
  + 6 180
    6 180
``` | ```
      392
  x    92
      784
  + 35 280
   36 064
``` |

Week 2   **CORRECTION**

| ```
        527
  x      52
  ———————
      1 054
  + 26 350
  ———————
    27 404
``` | ```
        539
  x      93
  ———————
      1 617
  + 48 510
  ———————
    50 127
``` |
| ```
        268
  x      34
  ———————
      1 072
  +   8 040
  ———————
      9 112
``` | ```
        948
  x      86
  ———————
      5 688
  + 75 840
  ———————
    81 528
``` |
| ```
        228
  x      45
  ———————
      1 140
  +   9 120
  ———————
    10 260
``` | ```
        988
  x      55
  ———————
      4 940
  + 49 400
  ———————
    54 340
``` |
| ```
        156
  x      75
  ———————
        780
  + 10 920
  ———————
    11 700
``` | ```
        684
  x      55
  ———————
      3 420
  + 34 200
  ———————
    37 620
``` |
| ```
        377
  x      39
  ———————
      3 393
  + 11 310
  ———————
    14 703
``` | ```
        927
  x      39
  ———————
      8 343
  + 27 810
  ———————
    36 153
``` |

CORRECTION

Week 3

```
      296
  ×    92
  ─────────
      592
  + 26 640
  ─────────
   27 232
```

```
      410
  ×    70
  ─────────
        0
  + 28 700
  ─────────
   28 700
```

```
      868
  ×    95
  ─────────
    4 340
  + 78 120
  ─────────
   82 460
```

```
      288
  ×    12
  ─────────
      576
  + 2 880
  ─────────
    3 456
```

```
      624
  ×    45
  ─────────
    3 120
  + 24 960
  ─────────
   28 080
```

```
      702
  ×    83
  ─────────
    2 106
  + 56 160
  ─────────
   58 266
```

```
      575
  ×     5
  ─────────
    2 875
```

```
      306
  ×    66
  ─────────
    1 836
  + 18 360
  ─────────
   20 196
```

```
       90
  ×    79
  ─────────
      810
  + 6 300
  ─────────
    7 110
```

```
      843
  ×    36
  ─────────
    5 058
  + 25 290
  ─────────
   30 348
```

Week 4   **CORRECTION**

| ```
        735
  x     29
      6 615
  + 14 700
    21 315
``` | ```
         62
  x      83
        186
  +  4 960
     5 146
``` |
| ```
        381
  x      87
      2 667
  + 30 480
    33 147
``` | ```
        289
  x      68
      2 312
  + 17 340
    19 652
``` |
| ```
        409
  x      23
      1 227
  +  8 180
     9 407
``` | ```
        500
  x       6
      3 000
``` |
| ```
        439
  x      26
      2 634
  +  8 780
    11 414
``` | ```
        159
  x      65
        795
  +  9 540
    10 335
``` |
| ```
        154
  x      54
        616
  +  7 700
     8 316
``` | ```
        473
  x      83
      1 419
  + 37 840
    39 259
``` |

Week 5   **CORRECTION**

| ```
        945
  x      34
      3 780
  + 28 350
    32 130
``` | ```
        787
  x      39
      7 083
  + 23 610
    30 693
``` |
| ```
        415
  x      54
      1 660
  + 20 750
    22 410
``` | ```
        466
  x      78
      3 728
  + 32 620
    36 348
``` |
| ```
        132
  x      45
        660
  +   5 280
      5 940
``` | ```
        472
  x      43
      1 416
  + 18 880
    20 296
``` |
| ```
         91
  x       6
        546
``` | ```
        192
  x      78
      1 536
  + 13 440
    14 976
``` |
| ```
        185
  x      28
      1 480
  +   3 700
      5 180
``` | ```
        538
  x      34
      2 152
  + 16 140
    18 292
``` |

Week 6 **CORRECTION**

| ``` 
      39
  X    6
  ─────
     234
``` | ```
       63
   X   90
   ──────
        0
  + 5 670
   ──────
    5 670
``` |
| ```
      880
   X   85
   ──────
    4 400
  + 70 400
   ──────
   74 800
``` | ```
      250
   X   31
   ──────
      250
  + 7 500
   ──────
    7 750
``` |
| ```
      487
   X   11
   ──────
      487
  + 4 870
   ──────
    5 357
``` | ```
      222
   X   21
   ──────
      222
  + 4 440
   ──────
    4 662
``` |
| ```
       87
   X   87
   ──────
      609
  + 6 960
   ──────
    7 569
``` | ```
      615
   X   46
   ──────
    3 690
  + 24 600
   ──────
   28 290
``` |
| ```
      920
   X   25
   ──────
    4 600
  + 18 400
   ──────
   23 000
``` | ```
      807
   X   20
   ──────
        0
  + 16 140
   ──────
   16 140
``` |

Week 7 **CORRECTION**

| ```
      833
×      82
    1 666
+ 66 640
   68 306
``` | ```
      984
×      39
    8 856
+ 29 520
   38 376
``` |
| ```
      266
×      61
      266
+ 15 960
   16 226
``` | ```
      501
×      53
    1 503
+ 25 050
   26 553
``` |
| ```
      972
×      84
    3 888
+ 77 760
   81 648
``` | ```
      390
×      42
      780
+ 15 600
   16 380
``` |
| ```
      808
×      24
    3 232
+ 16 160
   19 392
``` | ```
      187
×      85
      935
+ 14 960
   15 895
``` |
| ```
      140
×      40
        0
+  5 600
    5 600
``` | ```
      159
×      39
    1 431
+  4 770
    6 201
``` |

Week 8 **CORRECTION**

| ```
      440
  x    22
      880
  + 8 800
    9 680
``` | ```
      990
  x    15
    4 950
  + 9 900
   14 850
``` |
| ```
      400
  x    90
        0
  + 36 000
   36 000
``` | ```
      289
  x    88
    2 312
  + 23 120
   25 432
``` |
| ```
      508
  x    50
        0
  + 25 400
   25 400
``` | ```
       94
  x    36
      564
  + 2 820
    3 384
``` |
| ```
      306
  x    10
        0
  + 3 060
    3 060
``` | ```
      717
  x    58
    5 736
  + 35 850
   41 586
``` |
| ```
      683
  x    24
    2 732
  + 13 660
   16 392
``` | ```
       88
  x    66
      528
  + 5 280
    5 808
``` |

Week 9   **CORRECTION**

| ```
        729
  x      65
      3 645
  + 43 740
    47 385
``` | ```
        219
  x      26
      1 314
  +   4 380
      5 694
``` |
| ```
        155
  x      43
        465
  +   6 200
      6 665
``` | ```
        493
  x      48
      3 944
  + 19 720
    23 664
``` |
| ```
        908
  x      37
      6 356
  + 27 240
    33 596
``` | ```
        141
  x      54
        564
  +   7 050
      7 614
``` |
| ```
        583
  x      78
      4 664
  + 40 810
    45 474
``` | ```
        375
  x      55
      1 875
  + 18 750
    20 625
``` |
| ```
        949
  x      94
      3 796
  + 85 410
    89 206
``` | ```
        591
  x      27
      4 137
  + 11 820
    15 957
``` |

Week 10 **CORRECTION**

| ```
      15
  ×   47
  ─────
     105
  +  600
  ─────
     705
``` | ```
      32
  ×   70
  ─────
       0
  + 2 240
  ──────
    2 240
``` |
| ```
      808
  ×    57
  ──────
    5 656
  + 40 400
  ───────
   46 056
``` | ```
      531
  ×    93
  ──────
    1 593
  + 47 790
  ───────
   49 383
``` |
| ```
      459
  ×    98
  ──────
    3 672
  + 41 310
  ───────
   44 982
``` | ```
      313
  ×    21
  ──────
      313
  +  6 260
  ───────
    6 573
``` |
| ```
      630
  ×    54
  ──────
    2 520
  + 31 500
  ───────
   34 020
``` | ```
      428
  ×    78
  ──────
    3 424
  + 29 960
  ───────
   33 384
``` |
| ```
      952
  ×    92
  ──────
    1 904
  + 85 680
  ───────
   87 584
``` | ```
      254
  ×    86
  ──────
    1 524
  + 20 320
  ───────
   21 844
``` |

Week 11 **CORRECTION**

| ```
      990
x      65
―――――――――
    4 950
+ 59 400
―――――――――
   64 350
``` | ```
      300
x      63
―――――――――
      900
+ 18 000
―――――――――
   18 900
``` |
| ```
      455
x      30
―――――――――
        0
+ 13 650
―――――――――
   13 650
``` | ```
      218
x      93
―――――――――
      654
+ 19 620
―――――――――
   20 274
``` |
| ```
      968
x      51
―――――――――
      968
+ 48 400
―――――――――
   49 368
``` | ```
      954
x      30
―――――――――
        0
+ 28 620
―――――――――
   28 620
``` |
| ```
      616
x      74
―――――――――
    2 464
+ 43 120
―――――――――
   45 584
``` | ```
      280
x      89
―――――――――
    2 520
+ 22 400
―――――――――
   24 920
``` |
| ```
      255
x      46
―――――――――
    1 530
+ 10 200
―――――――――
   11 730
``` | ```
      600
x      20
―――――――――
        0
+ 12 000
―――――――――
   12 000
``` |

Week 12   **CORRECTION**

| ```
      8 2 4
  x      4 2
  ─────────
      1 6 4 8
  + 3 2 9 6 0
  ─────────
    3 4 6 0 8
``` | ```
       7 5
  x    1 7
  ──────
      5 2 5
  +   7 5 0
  ──────
    1 2 7 5
``` |
| ```
      7 6 2
  x      2 0
  ─────────
            0
  + 1 5 2 4 0
  ─────────
    1 5 2 4 0
``` | ```
       7 4
  x       4
  ──────
      2 9 6
``` |
| ```
      6 7 4
  x      6 3
  ─────────
      2 0 2 2
  + 4 0 4 4 0
  ─────────
    4 2 4 6 2
``` | ```
      8 0 1
  x      7 5
  ─────────
      4 0 0 5
  + 5 6 0 7 0
  ─────────
    6 0 0 7 5
``` |
| ```
      9 5 9
  x      5 9
  ─────────
      8 6 3 1
  + 4 7 9 5 0
  ─────────
    5 6 5 8 1
``` | ```
      7 8 9
  x      3 3
  ─────────
      2 3 6 7
  + 2 3 6 7 0
  ─────────
    2 6 0 3 7
``` |
| ```
      6 9 1
  x      5 3
  ─────────
      2 0 7 3
  + 3 4 5 5 0
  ─────────
    3 6 6 2 3
``` | ```
      7 1 8
  x      5 1
  ─────────
        7 1 8
  + 3 5 9 0 0
  ─────────
    3 6 6 1 8
``` |

Week 13 — CORRECTION

```
      249
  x    13
  ─────────
      747
  + 2 490
  ─────────
    3 237
```

```
      774
  x    92
  ─────────
    1 548
  + 69 660
  ─────────
   71 208
```

```
      113
  x    46
  ─────────
      678
  + 4 520
  ─────────
    5 198
```

```
      944
  x    78
  ─────────
    7 552
  + 66 080
  ─────────
   73 632
```

```
      546
  x    52
  ─────────
    1 092
  + 27 300
  ─────────
   28 392
```

```
      791
  x    19
  ─────────
    7 119
  + 7 910
  ─────────
   15 029
```

```
      906
  x    28
  ─────────
    7 248
  + 18 120
  ─────────
   25 368
```

```
       67
  x    19
  ─────────
      603
  +   670
  ─────────
    1 273
```

```
       29
  x    30
  ─────────
        0
  +   870
  ─────────
      870
```

```
      914
  x    64
  ─────────
    3 656
  + 54 840
  ─────────
   58 496
```

Week 14 — CORRECTION

| ```
        972
  X     105
        4 860
  +         0
  +    97 200
       102 060
``` | ```
        576
  X     590
              0
  +    51 840
  +   288 000
      339 840
``` |
| ```
        230
  X     344
          920
  +     9 200
  +    69 000
       79 120
``` | ```
        413
  X     594
        1 652
  +    37 170
  +   206 500
      245 322
``` |
| ```
        108
  X     767
          756
  +     6 480
  +    75 600
       82 836
``` | ```
        961
  X     238
        7 688
  +    28 830
  +   192 200
      228 718
``` |
| ```
        848
  X     635
        4 240
  +    25 440
  +   508 800
      538 480
``` | ```
        272
  X     362
          544
  +    16 320
  +    81 600
       98 464
``` |
| ```
        836
  X     338
        6 688
  +    25 080
  +   250 800
      282 568
``` | ```
        678
  X     525
        3 390
  +    13 560
  +   339 000
      355 950
``` |

Week 15 **CORRECTION**

```
        415                              6
  x     237                        x   702
      2 905                             12
  +  12 450                        +     0
  +  83 000                        + 4 200
     98 355                          4 212
```

```
        964                            519
  x     466                        x   161
      5 784                            519
  +  57 840                        + 31 140
  + 385 600                        + 51 900
    449 224                          83 559
```

```
        233                            165
  x     226                        x   635
      1 398                            825
  +   4 660                        +  4 950
  +  46 600                        + 99 000
     52 658                         104 775
```

```
        110                            626
  x      13                        x   241
        330                            626
  +   1 100                        +  25 040
      1 430                        + 125 200
                                    150 866
```

```
        461                            852
  x     531                        x   816
        461                          5 112
  +  13 830                        +  8 520
  + 230 500                        + 681 600
    244 791                          695 232
```

Week 16　　　　　　　　**CORRECTION**

| ```
          759
X         245
        3 795
+      30 360
+     151 800
      185 955
``` | ```
          227
X          24
          908
+      4 540
       5 448
``` |
| ```
          897
X         685
        4 485
+      71 760
+     538 200
      614 445
``` | ```
          545
X         473
        1 635
+      38 150
+     218 000
      257 785
``` |
| ```
          356
X         977
        2 492
+      24 920
+     320 400
      347 812
``` | ```
          400
X         770
            0
+      28 000
+     280 000
      308 000
``` |
| ```
          214
X         404
          856
+           0
+      85 600
       86 456
``` | ```
          472
X         179
        4 248
+      33 040
+      47 200
       84 488
``` |
| ```
          868
X         989
        7 812
+      69 440
+     781 200
      858 452
``` | ```
          339
X         102
          678
+           0
+      33 900
       34 578
``` |

Week 17 **CORRECTION**

| ```
        216
 x      502
        432
 +        0
 + 108 000
   108 432
``` | ```
        735
 x      324
      2 940
 +   14 700
 +  220 500
    238 140
``` |
| ```
        513
 x      362
      1 026
 +   30 780
 +  153 900
    185 706
``` | ```
        563
 x      973
      1 689
 +   39 410
 +  506 700
    547 799
``` |
| ```
        892
 x      416
      5 352
 +    8 920
 +  356 800
    371 072
``` | ```
        789
 x      651
        789
 +   39 450
 +  473 400
    513 639
``` |
| ```
        659
 x       17
      4 613
 +    6 590
     11 203
``` | ```
        674
 x      556
      4 044
 +   33 700
 +  337 000
    374 744
``` |
| ```
        700
 x      219
      6 300
 +    7 000
 +  140 000
    153 300
``` | ```
         30
 x       56
        180
 +    1 500
      1 680
``` |

Week 18   **CORRECTION**

| ```
        4 0 9
X       8 6 1
        4 0 9
+    2 4 5 4 0
+  3 2 7 2 0 0
   3 5 2 1 4 9
``` | ```
        1 6 9
X         6 8
      1 3 5 2
+    1 0 1 4 0
     1 1 4 9 2
``` |
| ```
        5 4 7
X       5 5 4
      2 1 8 8
+    2 7 3 5 0
+  2 7 3 5 0 0
   3 0 3 0 3 8
``` | ```
        6 6 6
X       9 5 2
      1 3 3 2
+    3 3 3 0 0
+  5 9 9 4 0 0
   6 3 4 0 3 2
``` |
| ```
        1 4 7
X       6 1 8
      1 1 7 6
+    1 4 7 0
+   8 8 2 0 0
     9 0 8 4 6
``` | ```
        6 3 5
X       1 8 2
      1 2 7 0
+    5 0 8 0 0
+   6 3 5 0 0
   1 1 5 5 7 0
``` |
| ```
        7 9 6
X       7 1 7
      5 5 7 2
+    7 9 6 0
+  5 5 7 2 0 0
   5 7 0 7 3 2
``` | ```
        2 6 7
X       8 7 6
      1 6 0 2
+    1 8 6 9 0
+  2 1 3 6 0 0
   2 3 3 8 9 2
``` |
| ```
        8 5 0
X       8 5 1
        8 5 0
+    4 2 5 0 0
+  6 8 0 0 0 0
   7 2 3 3 5 0
``` | ```
        8 7 3
X       8 2 2
      1 7 4 6
+    1 7 4 6 0
+  6 9 8 4 0 0
   7 1 7 6 0 6
``` |

Week 19 **CORRECTION**

$\begin{array}{r} 691 \\ \times 58 \\ \hline 5\ 528 \\ +\ 34\ 550 \\ \hline 40\ 078 \end{array}$	$\begin{array}{r} 158 \\ \times 283 \\ \hline 474 \\ +\ 12\ 640 \\ +\ 31\ 600 \\ \hline 44\ 714 \end{array}$
$\begin{array}{r} 293 \\ \times 859 \\ \hline 2\ 637 \\ +\ 14\ 650 \\ +\ 234\ 400 \\ \hline 251\ 687 \end{array}$	$\begin{array}{r} 656 \\ \times 109 \\ \hline 5\ 904 \\ +\ 0 \\ +\ 65\ 600 \\ \hline 71\ 504 \end{array}$
$\begin{array}{r} 351 \\ \times 576 \\ \hline 2\ 106 \\ +\ 24\ 570 \\ +\ 175\ 500 \\ \hline 202\ 176 \end{array}$	$\begin{array}{r} 528 \\ \times 225 \\ \hline 2\ 640 \\ +\ 10\ 560 \\ +\ 105\ 600 \\ \hline 118\ 800 \end{array}$
$\begin{array}{r} 952 \\ \times 973 \\ \hline 2\ 856 \\ +\ 66\ 640 \\ +\ 856\ 800 \\ \hline 926\ 296 \end{array}$	$\begin{array}{r} 103 \\ \times 59 \\ \hline 927 \\ +\ 5\ 150 \\ \hline 6\ 077 \end{array}$
$\begin{array}{r} 592 \\ \times 350 \\ \hline 0 \\ +\ 29\ 600 \\ +\ 177\ 600 \\ \hline 207\ 200 \end{array}$	$\begin{array}{r} 335 \\ \times 715 \\ \hline 1\ 675 \\ +\ 3\ 350 \\ +\ 234\ 500 \\ \hline 239\ 525 \end{array}$

Week 20 **CORRECTION**

| ```
        489
X       652
        978
+    24 450
+   293 400
    318 828
``` | ```
        694
X       881
        694
+    55 520
+   555 200
    611 414
``` |
| ```
        785
X       946
      4 710
+    31 400
+   706 500
    742 610
``` | ```
        568
X       686
      3 408
+    45 440
+   340 800
    389 648
``` |
| ```
        660
X       918
      5 280
+     6 600
+   594 000
    605 880
``` | ```
        457
X       455
      2 285
+    22 850
+   182 800
    207 935
``` |
| ```
        888
X       998
      7 104
+    79 920
+   799 200
    886 224
``` | ```
        523
X       459
      4 707
+    26 150
+   209 200
    240 057
``` |
| ```
        809
X       218
      6 472
+     8 090
+   161 800
    176 362
``` | ```
        865
X        18
      6 920
+     8 650
     15 570
``` |

Week 21 — CORRECTION

| ```
       62
  X   658
      496
  + 3 100
  +37 200
   40 796
``` | ```
      116
  X   922
      232
  + 2 320
  +104 400
   106 952
``` |
| ```
       41
  X   204
      164
  +     0
  + 8 200
    8 364
``` | ```
      871
  X   976
    5 226
  + 60 970
  +783 900
   850 096
``` |
| ```
       16
  X   395
       80
  + 1 440
  + 4 800
    6 320
``` | ```
       39
  X   395
      195
  + 3 510
  +11 700
   15 405
``` |
| ```
       93
  X   961
       93
  + 5 580
  +83 700
   89 373
``` | ```
      259
  X   182
      518
  +20 720
  +25 900
   47 138
``` |
| ```
      991
  X   394
    3 964
  + 89 190
  +297 300
   390 454
``` | ```
      893
  X   971
      893
  + 62 510
  +803 700
   867 103
``` |

Week 22 **CORRECTION**

| ```
         4 3 3
  X       8 0
  ─────────────
             0
  +  3 4 6 4 0
  ─────────────
     3 4 6 4 0
``` | ```
         5 5 5
  X     9 4 3
  ─────────────
       1 6 6 5
  +  2 2 2 0 0
  + 4 9 9 5 0 0
  ─────────────
     5 2 3 3 6 5
``` |
| ```
         6 2 2
  X     7 8 9
  ─────────────
       5 5 9 8
  +  4 9 7 6 0
  + 4 3 5 4 0 0
  ─────────────
     4 9 0 7 5 8
``` | ```
         1 4 8
  X     9 8 3
  ─────────────
         4 4 4
  +  1 1 8 4 0
  + 1 3 3 2 0 0
  ─────────────
     1 4 5 4 8 4
``` |
| ```
         2 5 2
  X       7 1
  ─────────────
         2 5 2
  +  1 7 6 4 0
  ─────────────
     1 7 8 9 2
``` | ```
         4 3 9
  X     5 3 1
  ─────────────
         4 3 9
  +  1 3 1 7 0
  + 2 1 9 5 0 0
  ─────────────
     2 3 3 1 0 9
``` |
| ```
         6 1 5
  X     1 3 5
  ─────────────
       3 0 7 5
  +  1 8 4 5 0
  +  6 1 5 0 0
  ─────────────
       8 3 0 2 5
``` | ```
         5 3 5
  X     7 7 8
  ─────────────
       4 2 8 0
  +  3 7 4 5 0
  + 3 7 4 5 0 0
  ─────────────
     4 1 6 2 3 0
``` |
| ```
         2 6 6
  X     2 1 0
  ─────────────
             0
  +    2 6 6 0
  +  5 3 2 0 0
  ─────────────
       5 5 8 6 0
``` | ```
         3 7 9
  X     8 2 8
  ─────────────
       3 0 3 2
  +    7 5 8 0
  + 3 0 3 2 0 0
  ─────────────
     3 1 3 8 1 2
``` |

Week 23 — CORRECTION

| ```
          5 6 7
  X       6 0 6
        3 4 0 2
  +           0
  +   3 4 0 2 0 0
      3 4 3 6 0 2
``` | ```
            4 9
  X       2 7 3
          1 4 7
  +     3 4 3 0
  +     9 8 0 0
        1 3 3 7 7
``` |
| ```
          2 4 3
  X       8 3 8
        1 9 4 4
  +     7 2 9 0
  +   1 9 4 4 0 0
      2 0 3 6 3 4
``` | ```
          7 5 2
  X       6 6 2
        1 5 0 4
  +    4 5 1 2 0
  +   4 5 1 2 0 0
      4 9 7 8 2 4
``` |
| ```
          8 7 6
  X       8 7 3
        2 6 2 8
  +    6 1 3 2 0
  +   7 0 0 8 0 0
      7 6 4 7 4 8
``` | ```
          9 7 2
  X       3 0 9
        8 7 4 8
  +           0
  +   2 9 1 6 0 0
      3 0 0 3 4 8
``` |
| ```
          9 5 2
  X       5 2 8
        7 6 1 6
  +    1 9 0 4 0
  +   4 7 6 0 0 0
      5 0 2 6 5 6
``` | ```
          2 5 3
  X       5 7 5
        1 2 6 5
  +    1 7 7 1 0
  +   1 2 6 5 0 0
      1 4 5 4 7 5
``` |
| ```
          3 1 8
  X       3 9 9
        2 8 6 2
  +    2 8 6 2 0
  +    9 5 4 0 0
      1 2 6 8 8 2
``` | ```
          5 5 8
  X       5 6 9
        5 0 2 2
  +    3 3 4 8 0
  +   2 7 9 0 0 0
      3 1 7 5 0 2
``` |

Week 24 — CORRECTION

| ```
        133
  X     301
        133
  +       0
  +  39 900
     40 033
``` | ```
        103
  X      54
        412
  +   5 150
      5 562
``` |
| ```
        768
  X     497
      5 376
  +  69 120
  + 307 200
    381 696
``` | ```
        342
  X     966
      2 052
  +  20 520
  + 307 800
    330 372
``` |
| ```
         11
  X     267
         77
  +     660
  +   2 200
      2 937
``` | ```
        179
  X     856
      1 074
  +   8 950
  + 143 200
    153 224
``` |
| ```
        559
  X     819
      5 031
  +   5 590
  + 447 200
    457 821
``` | ```
        424
  X      21
        424
  +   8 480
      8 904
``` |
| ```
        400
  X     401
        400
  +       0
  + 160 000
    160 400
``` | ```
        406
  X     131
        406
  +  12 180
  +  40 600
     53 186
``` |

Week 25 **CORRECTION**

| ```
        574
  x     920
          0
  +  11 480
  + 516 600
    528 080
``` | ```
        695
  x     976
      4 170
  +  48 650
  + 625 500
    678 320
``` |
| ```
        532
  x     784
      2 128
  +  42 560
  + 372 400
    417 088
``` | ```
        819
  x     164
      3 276
  +  49 140
  +  81 900
    134 316
``` |
| ```
        717
  x     502
      1 434
  +       0
  + 358 500
    359 934
``` | ```
         86
  x     849
        774
  +   3 440
  +  68 800
     73 014
``` |
| ```
        801
  x     187
      5 607
  +  64 080
  +  80 100
    149 787
``` | ```
        902
  x     570
          0
  +  63 140
  + 451 000
    514 140
``` |
| ```
        683
  x     244
      2 732
  +  27 320
  + 136 600
    166 652
``` | ```
        537
  x     693
      1 611
  +  48 330
  + 322 200
    372 141
``` |

Week 26 **CORRECTION**

$\begin{array}{r} 71 \\ \times\ \ 5,6 \\ \hline 42,6 \\ +\ 355,0 \\ \hline 397,6 \end{array}$	$\begin{array}{r} 88 \\ \times\ \ 5,5 \\ \hline 44,0 \\ +\ 440,0 \\ \hline 484,0 \end{array}$
$\begin{array}{r} 27 \\ \times\ \ 9,0 \\ \hline 0,0 \\ +\ 243,0 \\ \hline 243,0 \end{array}$	$\begin{array}{r} 83 \\ \times\ \ 6,2 \\ \hline 16,6 \\ +\ 498,0 \\ \hline 514,6 \end{array}$
$\begin{array}{r} 64 \\ \times\ \ 2,4 \\ \hline 25,6 \\ +\ 128,0 \\ \hline 153,6 \end{array}$	$\begin{array}{r} 66 \\ \times\ \ 7,0 \\ \hline 0,0 \\ +\ 462,0 \\ \hline 462,0 \end{array}$
$\begin{array}{r} 19 \\ \times\ \ 7,6 \\ \hline 11,4 \\ +\ 133,0 \\ \hline 144,4 \end{array}$	$\begin{array}{r} 81 \\ \times\ \ 3,9 \\ \hline 72,9 \\ +\ 243,0 \\ \hline 315,9 \end{array}$
$\begin{array}{r} 32 \\ \times\ \ 3,7 \\ \hline 22,4 \\ +\ 96,0 \\ \hline 118,4 \end{array}$	$\begin{array}{r} 43 \\ \times\ \ 1,0 \\ \hline 0,0 \\ +\ 43,0 \\ \hline 43,0 \end{array}$

Week 27 **CORRECTION**

91 × 2,2 = 18,2 + 182,0 = 200,2	33 × 2,4 = 13,2 + 66,0 = 79,2
37 × 3,9 = 33,3 + 111,0 = 144,3	51 × 3,9 = 45,9 + 153,0 = 198,9
46 × 2,6 = 27,6 + 92,0 = 119,6	61 × 2,9 = 54,9 + 122,0 = 176,9
2 × 1,4 = 0,8 + 2,0 = 2,8	81 × 6,8 = 64,8 + 486,0 = 550,8
33 × 6,3 = 9,9 + 198,0 = 207,9	30 × 5,7 = 21,0 + 150,0 = 171,0

Week 28 — **CORRECTION**

43 × 2,7 ——— 30,1 + 86,0 ——— 116,1	46 × 3,3 ——— 13,8 + 138,0 ——— 151,8
91 × 8,3 ——— 27,3 + 728,0 ——— 755,3	4 × 6,2 ——— 0,8 + 24,0 ——— 24,8
85 × 5,6 ——— 51,0 + 425,0 ——— 476,0	80 × 6,2 ——— 16,0 + 480,0 ——— 496,0
51 × 8,3 ——— 15,3 + 408,0 ——— 423,3	12 × 7,0 ——— 0,0 + 84,0 ——— 84,0
11 × 2,6 ——— 6,6 + 22,0 ——— 28,6	62 × 3,5 ——— 31,0 + 186,0 ——— 217,0

Week 29 — CORRECTION

28 $\times\ \ 3{,}8$ $\overline{22{,}4}$ $+\ \ 84{,}0$ $\overline{106{,}4}$	64 $\times\ \ 3{,}2$ $\overline{12{,}8}$ $+\ 192{,}0$ $\overline{204{,}8}$
29 $\times\ \ 6{,}7$ $\overline{20{,}3}$ $+\ 174{,}0$ $\overline{194{,}3}$	94 $\times\ \ 5{,}8$ $\overline{75{,}2}$ $+\ 470{,}0$ $\overline{545{,}2}$
9 $\times\ \ 1{,}0$ $\overline{0{,}0}$ $+\ \ \ 9{,}0$ $\overline{9{,}0}$	16 $\times\ \ 4{,}3$ $\overline{4{,}8}$ $+\ \ 64{,}0$ $\overline{68{,}8}$
87 $\times\ \ 1{,}7$ $\overline{60{,}9}$ $+\ \ 87{,}0$ $\overline{147{,}9}$	22 $\times\ \ 3{,}5$ $\overline{11{,}0}$ $+\ \ 66{,}0$ $\overline{77{,}0}$
93 $\times\ \ 3{,}9$ $\overline{83{,}7}$ $+\ 279{,}0$ $\overline{362{,}7}$	99 $\times\ \ 8{,}6$ $\overline{59{,}4}$ $+\ 792{,}0$ $\overline{851{,}4}$

Week 30 **CORRECTION**

| ```
      24
×    5,4
─────────
     9,6
+  120,0
─────────
   129,6
``` | ```
      26
×    7,2
─────────
     5,2
+  182,0
─────────
   187,2
``` |
| ```
      57
×    7,1
─────────
     5,7
+  399,0
─────────
   404,7
``` | ```
      70
×    9,0
─────────
     0,0
+  630,0
─────────
   630,0
``` |
| ```
      40
×    4,4
─────────
    16,0
+  160,0
─────────
   176,0
``` | ```
      96
×    3,3
─────────
    28,8
+  288,0
─────────
   316,8
``` |
| ```
      25
×    4,3
─────────
     7,5
+  100,0
─────────
   107,5
``` | ```
      56
×    3,1
─────────
     5,6
+  168,0
─────────
   173,6
``` |
| ```
      11
×    3,1
─────────
     1,1
+   33,0
─────────
    34,1
``` | ```
      40
×    5,6
─────────
    24,0
+  200,0
─────────
   224,0
``` |

Week 31 — CORRECTION

| ```
         3
  X    2,9
  ─────────
       2,7
  +    6,0
  ─────────
       8,7
``` | ```
        19
  X    9,0
  ─────────
       0,0
  +  171,0
  ─────────
     171,0
``` |
| ```
        25
  X    6,3
  ─────────
       7,5
  +  150,0
  ─────────
     157,5
``` | ```
        61
  X    8,9
  ─────────
      54,9
  +  488,0
  ─────────
     542,9
``` |
| ```
         2
  X    3,2
  ─────────
       0,4
  +    6,0
  ─────────
       6,4
``` | ```
        45
  X    5,1
  ─────────
       4,5
  +  225,0
  ─────────
     229,5
``` |
| ```
        14
  X    7,4
  ─────────
       5,6
  +   98,0
  ─────────
     103,6
``` | ```
        31
  X    2,8
  ─────────
      24,8
  +   62,0
  ─────────
      86,8
``` |
| ```
        65
  X    7,6
  ─────────
      39,0
  +  455,0
  ─────────
     494,0
``` | ```
        57
  X    4,0
  ─────────
       0,0
  +  228,0
  ─────────
     228,0
``` |

Week 32 **CORRECTION**

419 × 9,0 = 0,0 + 3 771,0 = 3 771,0	216 × 8,7 = 151,2 + 1 728,0 = 1 879,2
368 × 7,7 = 257,6 + 2 576,0 = 2 833,6	8 × 7,3 = 2,4 + 56,0 = 58,4
454 × 7,1 = 45,4 + 3 178,0 = 3 223,4	620 × 7,0 = 0,0 + 4 340,0 = 4 340,0
613 × 2,2 = 122,6 + 1 226,0 = 1 348,6	677 × 5,3 = 203,1 + 3 385,0 = 3 588,1
526 × 4,7 = 368,2 + 2 104,0 = 2 472,2	854 × 6,3 = 256,2 + 5 124,0 = 5 380,2

Week 33   **CORRECTION**

| ```
        145
  x     7,2
        29,0
  + 1 015,0
    1 044,0
``` | ```
        593
  x     7,8
        474,4
  + 4 151,0
    4 625,4
``` |
| ```
        708
  x     6,5
        354,0
  + 4 248,0
    4 602,0
``` | ```
        152
  x     4,4
        60,8
  +   608,0
        668,8
``` |
| ```
         63
  x     4,3
        18,9
  +   252,0
        270,9
``` | ```
        977
  x     2,7
        683,9
  + 1 954,0
    2 637,9
``` |
| ```
        913
  x     3,7
        639,1
  + 2 739,0
    3 378,1
``` | ```
        610
  x     2,6
        366,0
  + 1 220,0
    1 586,0
``` |
| ```
        402
  x     2,5
        201,0
  +   804,0
      1 005,0
``` | ```
        292
  x     7,6
        175,2
  + 2 044,0
    2 219,2
``` |

Week 34 **CORRECTION**

| ```
      87
X    2,5
-------
    43,5
+ 174,0
-------
   217,5
``` | ```
     543
X    6,9
-------
   488,7
+ 3 258,0
-------
  3 746,7
``` |
| ```
     764
X    7,0
-------
     0,0
+ 5 348,0
-------
  5 348,0
``` | ```
     781
X    6,8
-------
   624,8
+ 4 686,0
-------
  5 310,8
``` |
| ```
     332
X    4,0
-------
     0,0
+ 1 328,0
-------
  1 328,0
``` | ```
     250
X    5,2
-------
    50,0
+ 1 250,0
-------
  1 300,0
``` |
| ```
     505
X    8,6
-------
   303,0
+ 4 040,0
-------
  4 343,0
``` | ```
      24
X    6,3
-------
     7,2
+ 144,0
-------
   151,2
``` |
| ```
     107
X    8,1
-------
    10,7
+ 856,0
-------
   866,7
``` | ```
     532
X    7,4
-------
   212,8
+ 3 724,0
-------
  3 936,8
``` |

Week 35 — CORRECTION

| ``` 
      490
  X   5,4
  ─────────
      196,0
  + 2 450,0
  ─────────
    2 646,0
``` | ``` 
      738
  X   7,6
  ─────────
      442,8
  + 5 166,0
  ─────────
    5 608,8
``` |
| ``` 
      748
  X   6,8
  ─────────
      598,4
  + 4 488,0
  ─────────
    5 086,4
``` | ``` 
      744
  X   6,3
  ─────────
      223,2
  + 4 464,0
  ─────────
    4 687,2
``` |
| ``` 
      177
  X   7,3
  ─────────
       53,1
  + 1 239,0
  ─────────
    1 292,1
``` | ``` 
      388
  X   3,8
  ─────────
      310,4
  + 1 164,0
  ─────────
    1 474,4
``` |
| ``` 
      820
  X   8,6
  ─────────
      492,0
  + 6 560,0
  ─────────
    7 052,0
``` | ``` 
      952
  X   6,2
  ─────────
      190,4
  + 5 712,0
  ─────────
    5 902,4
``` |
| ``` 
      643
  X   7,3
  ─────────
      192,9
  + 4 501,0
  ─────────
    4 693,9
``` | ``` 
      278
  X   8,9
  ─────────
      250,2
  + 2 224,0
  ─────────
    2 474,2
``` |

Week 36   **CORRECTION**

| ```
      676
  X   3,3
  ─────────
      202,8
+ 2 028,0
  ─────────
  2 230,8
``` | ```
      464
  X   3,7
  ─────────
      324,8
+ 1 392,0
  ─────────
  1 716,8
``` |
| ```
      620
  X   3,1
  ─────────
       62,0
+ 1 860,0
  ─────────
  1 922,0
``` | ```
      982
  X   2,6
  ─────────
      589,2
+ 1 964,0
  ─────────
  2 553,2
``` |
| ```
      949
  X   8,8
  ─────────
      759,2
+ 7 592,0
  ─────────
  8 351,2
``` | ```
      718
  X   2,7
  ─────────
      502,6
+ 1 436,0
  ─────────
  1 938,6
``` |
| ```
      692
  X   4,2
  ─────────
      138,4
+ 2 768,0
  ─────────
  2 906,4
``` | ```
      913
  X   4,9
  ─────────
      821,7
+ 3 652,0
  ─────────
  4 473,7
``` |
| ```
      956
  X   2,5
  ─────────
      478,0
+ 1 912,0
  ─────────
  2 390,0
``` | ```
      755
  X   2,1
  ─────────
       75,5
+ 1 510,0
  ─────────
  1 585,5
``` |

Week 37 — CORRECTION

```
        4 3
  X   5 , 7
  ─────────
      3 0 , 1
  + 2 1 5 , 0
  ─────────
      2 4 5 , 1
```

```
        4 4 0
  X     5 , 9
  ───────────
        3 9 6 , 0
  + 2 2 0 0 , 0
  ───────────
    2 5 9 6 , 0
```

```
        4 5 8
  X     5 , 3
  ───────────
        1 3 7 , 4
  + 2 2 9 0 , 0
  ───────────
    2 4 2 7 , 4
```

```
        1 6 9
  X     6 , 0
  ───────────
            0 , 0
  + 1 0 1 4 , 0
  ───────────
    1 0 1 4 , 0
```

```
        3 2 8
  X     7 , 0
  ───────────
            0 , 0
  + 2 2 9 6 , 0
  ───────────
    2 2 9 6 , 0
```

```
        3 3 3
  X     7 , 8
  ───────────
        2 6 6 , 4
  + 2 3 3 1 , 0
  ───────────
    2 5 9 7 , 4
```

```
        1 9 2
  X     2 , 5
  ───────────
          9 6 , 0
  +   3 8 4 , 0
  ───────────
        4 8 0 , 0
```

```
        6 2 0
  X     8 , 7
  ───────────
        4 3 4 , 0
  + 4 9 6 0 , 0
  ───────────
    5 3 9 4 , 0
```

```
        7 5 2
  X     4 , 6
  ───────────
        4 5 1 , 2
  + 3 0 0 8 , 0
  ───────────
    3 4 5 9 , 2
```

```
        5 5 7
  X     8 , 6
  ───────────
        3 3 4 , 2
  + 4 4 5 6 , 0
  ───────────
    4 7 9 0 , 2
```

Week 38 — CORRECTION

| ```
       399
  X    7,3
       119,7
  +  2 793,0
     2 912,7
``` | ```
       140
  X    4,3
        42,0
  +   560,0
      602,0
``` |
| ```
       988
  X    7,3
       296,4
  +  6 916,0
     7 212,4
``` | ```
       406
  X    4,8
       324,8
  +  1 624,0
     1 948,8
``` |
| ```
       830
  X    6,9
       747,0
  +  4 980,0
     5 727,0
``` | ```
       203
  X    5,6
       121,8
  +  1 015,0
     1 136,8
``` |
| ```
       891
  X    6,7
       623,7
  +  5 346,0
     5 969,7
``` | ```
       756
  X    5,7
       529,2
  +  3 780,0
     4 309,2
``` |
| ```
       821
  X    7,3
       246,3
  +  5 747,0
     5 993,3
``` | ```
       616
  X    7,5
       308,0
  +  4 312,0
     4 620,0
``` |

Week 39 — CORRECTION

13,3 × 18,9 ───── 11,97 + 106,40 + 133,00 ───── 251,37	80,5 × 69,3 ───── 24,15 + 724,50 + 4 830,00 ───── 5 578,65
70,2 × 22,5 ───── 35,10 + 140,40 + 1 404,00 ───── 1 579,50	42,8 × 81,6 ───── 25,68 + 42,80 + 3 424,00 ───── 3 492,48
53,0 × 22,1 ───── 5,30 + 106,00 + 1 060,00 ───── 1 171,30	92,3 × 87,2 ───── 18,46 + 646,10 + 7 384,00 ───── 8 048,56
58,8 × 58,7 ───── 41,16 + 470,40 + 2 940,00 ───── 3 451,56	33,4 × 76,1 ───── 3,34 + 200,40 + 2 338,00 ───── 2 541,74
84,5 × 76,2 ───── 16,90 + 507,00 + 5 915,00 ───── 6 438,90	13,1 × 62,1 ───── 1,31 + 26,20 + 786,00 ───── 813,51

Week 40   **CORRECTION**

$69,3$ $\times37,0$ $\overline{0,00}$ $+485,10$ $+\ 2\ 079,00$ $\overline{\ 2\ 564,10}$	$70,4$ $\times54,9$ $\overline{63,36}$ $+281,60$ $+\ 3\ 520,00$ $\overline{\ 3\ 864,96}$
$96,3$ $\times32,5$ $\overline{48,15}$ $+192,60$ $+\ 2\ 889,00$ $\overline{\ 3\ 129,75}$	$7,7$ $\times26,5$ $\overline{3,85}$ $+46,20$ $+154,00$ $\overline{204,05}$
$18,2$ $\times13,3$ $\overline{5,46}$ $+54,60$ $+\ 182,00$ $\overline{\ 242,06}$	$56,7$ $\times67,1$ $\overline{5,67}$ $+396,90$ $+\ 3\ 402,00$ $\overline{\ 3\ 804,57}$
$5,3$ $\times68,1$ $\overline{0,53}$ $+42,40$ $+\ 318,00$ $\overline{\ 360,93}$	$84,7$ $\times22,4$ $\overline{33,88}$ $+169,40$ $+\ 1\ 694,00$ $\overline{\ 1\ 897,28}$
$63,0$ $\times57,1$ $\overline{6,30}$ $+441,00$ $+\ 3\ 150,00$ $\overline{\ 3\ 597,30}$	$69,2$ $\times45,9$ $\overline{62,28}$ $+346,00$ $+\ 2\ 768,00$ $\overline{\ 3\ 176,28}$

Week 41   **CORRECTION**

| ```
        4 9 , 7
X       6 9 , 0
        0 , 0 0
+     4 4 7 , 3 0
+   2 9 8 2 , 0 0
    3 4 2 9 , 3 0
``` | ```
        2 0 , 1
X       8 2 , 8
      1 6 , 0 8
+     4 0 , 2 0
+   1 6 0 8 , 0 0
    1 6 6 4 , 2 8
``` |
| ```
        5 1 , 6
X       2 8 , 5
      2 5 , 8 0
+     4 1 2 , 8 0
+   1 0 3 2 , 0 0
    1 4 7 0 , 6 0
``` | ```
        1 8 , 1
X        8 , 3
        5 , 4 3
+     1 4 4 , 8 0
      1 5 0 , 2 3
``` |
| ```
        8 7 , 1
X       8 7 , 9
      7 8 , 3 9
+     6 0 9 , 7 0
+   6 9 6 8 , 0 0
    7 6 5 6 , 0 9
``` | ```
        7 4 , 3
X       3 9 , 6
      4 4 , 5 8
+     6 6 8 , 7 0
+   2 2 2 9 , 0 0
    2 9 4 2 , 2 8
``` |
| ```
        3 7 , 0
X       9 5 , 1
        3 , 7 0
+     1 8 5 , 0 0
+   3 3 3 0 , 0 0
    3 5 1 8 , 7 0
``` | ```
        9 8 , 6
X       1 6 , 5
      4 9 , 3 0
+     5 9 1 , 6 0
+     9 8 6 , 0 0
    1 6 2 6 , 9 0
``` |
| ```
        1 9 , 0
X       7 4 , 8
      1 5 , 2 0
+      7 6 , 0 0
+   1 3 3 0 , 0 0
    1 4 2 1 , 2 0
``` | ```
        3 4 , 9
X       9 5 , 3
      1 0 , 4 7
+     1 7 4 , 5 0
+   3 1 4 1 , 0 0
    3 3 2 5 , 9 7
``` |

Week 42   **CORRECTION**

37,7 × 8,8 ───── 30,16 + 301,60 ───── 331,76	84,0 × 31,7 ───── 58,80 + 84,00 + 2 520,00 ───── 2 662,80
24,2 × 50,7 ───── 16,94 + 0,00 + 1 210,00 ───── 1 226,94	16,9 × 43,2 ───── 3,38 + 50,70 + 676,00 ───── 730,08
72,7 × 4,9 ───── 65,43 + 290,80 ───── 356,23	43,7 × 23,4 ───── 17,48 + 131,10 + 874,00 ───── 1 022,58
72,0 × 61,8 ───── 57,60 + 72,00 + 4 320,00 ───── 4 449,60	7,1 × 24,5 ───── 3,55 + 28,40 + 142,00 ───── 173,95
88,4 × 23,3 ───── 26,52 + 265,20 + 1 768,00 ───── 2 059,72	30,9 × 76,5 ───── 15,45 + 185,40 + 2 163,00 ───── 2 363,85

Week 43   **CORRECTION**

| ```
        36,0
X       75,4
       14,40
+     180,00
+   2 520,00
    2 714,40
``` | ```
        57,1
X       46,8
       45,68
+     342,60
+   2 284,00
    2 672,28
``` |
| ```
        20,6
X        8,1
        2,06
+     164,80
      166,86
``` | ```
        46,9
X       33,7
       32,83
+     140,70
+   1 407,00
    1 580,53
``` |
| ```
        88,7
X        2,8
       70,96
+     177,40
      248,36
``` | ```
        71,1
X       21,0
        0,00
+      71,10
+   1 422,00
    1 493,10
``` |
| ```
        74,3
X       37,9
       66,87
+     520,10
+   2 229,00
    2 815,97
``` | ```
        61,7
X        7,5
       30,85
+     431,90
      462,75
``` |
| ```
        81,1
X       35,3
       24,33
+     405,50
+   2 433,00
    2 862,83
``` | ```
        12,5
X       68,0
        0,00
+     100,00
+     750,00
      850,00
``` |

Week 44 — CORRECTION

$\quad\quad$ 12,1 × $\quad$ 6,1 ――――― $\quad\quad$ 1,21 + $\quad$ 72,60 ――――― $\quad\quad$ 73,81	$\quad\quad$ 17,0 × $\quad$ 47,2 ――――― $\quad\quad$ 3,40 + $\quad$ 119,00 + $\quad$ 680,00 ――――― $\quad\quad$ 802,40
$\quad\quad$ 2,1 × $\quad$ 16,5 ――――― $\quad\quad$ 1,05 + $\quad$ 12,60 + $\quad$ 21,00 ――――― $\quad\quad$ 34,65	$\quad\quad$ 61,8 × $\quad$ 19,2 ――――― $\quad\quad$ 12,36 + $\quad$ 556,20 + $\quad$ 618,00 ――――― 1 186,56
$\quad\quad$ 89,4 × $\quad$ 94,7 ――――― $\quad\quad$ 62,58 + $\quad$ 357,60 + 8 046,00 ――――― 8 466,18	$\quad\quad$ 15,5 × $\quad$ 28,1 ――――― $\quad\quad$ 1,55 + $\quad$ 124,00 + $\quad$ 310,00 ――――― $\quad\quad$ 435,55
$\quad\quad$ 4,4 × $\quad$ 97,5 ――――― $\quad\quad$ 2,20 + $\quad$ 30,80 + $\quad$ 396,00 ――――― $\quad\quad$ 429,00	$\quad\quad$ 57,9 × $\quad$ 26,7 ――――― $\quad\quad$ 40,53 + $\quad$ 347,40 + 1 158,00 ――――― 1 545,93
$\quad\quad$ 49,1 × $\quad$ 72,9 ――――― $\quad\quad$ 44,19 + $\quad$ 98,20 + 3 437,00 ――――― 3 579,39	$\quad\quad$ 67,9 × $\quad$ 22,8 ――――― $\quad\quad$ 54,32 + $\quad$ 135,80 + 1 358,00 ――――― 1 548,12

Week 45   **CORRECTION**

17,5 X 27,5 ——————— 8,75 + 122,50 + 350,00 ——————— 481,25	77,5 X 46,0 ——————— 0,00 + 465,00 + 3 100,00 ——————— 3 565,00
10,7 X 95,0 ——————— 0,00 + 53,50 + 963,00 ——————— 1 016,50	28,7 X 38,6 ——————— 17,22 + 229,60 + 861,00 ——————— 1 107,82
3,4 X 67,6 ——————— 2,04 + 23,80 + 204,00 ——————— 229,84	14,6 X 10,8 ——————— 11,68 + 0,00 + 146,00 ——————— 157,68
72,4 X 36,9 ——————— 65,16 + 434,40 + 2 172,00 ——————— 2 671,56	93,9 X 59,9 ——————— 84,51 + 845,10 + 4 695,00 ——————— 5 624,61
41,7 X 89,9 ——————— 37,53 + 375,30 + 3 336,00 ——————— 3 748,83	85,3 X 6,9 ——————— 76,77 + 511,80 ——————— 588,57

Week 46   CORRECTION

| ```
         29,3
  X      44,4
         11,72
  +     117,20
  +   1 172,00
      1 300,92
``` | ```
         25,2
  X      71,2
          5,04
  +      25,20
  +   1 764,00
      1 794,24
``` |
| ```
          9,5
  X      96,6
          5,70
  +      57,00
  +     855,00
        917,70
``` | ```
         29,0
  X      40,0
          0,00
  +       0,00
  +   1 160,00
      1 160,00
``` |
| ```
         20,9
  X      96,5
         10,45
  +     125,40
  +   1 881,00
      2 016,85
``` | ```
         15,5
  X      36,4
          6,20
  +      93,00
  +     465,00
        564,20
``` |
| ```
         24,9
  X      91,0
          0,00
  +      24,90
  +   2 241,00
      2 265,90
``` | ```
         80,5
  X      33,7
         56,35
  +     241,50
  +   2 415,00
      2 712,85
``` |
| ```
         86,9
  X      10,1
          8,69
  +       0,00
  +     869,00
        877,69
``` | ```
         70,3
  X      88,4
         28,12
  +     562,40
  +   5 624,00
      6 214,52
``` |

Week 47 — CORRECTION

25,6
×   19,2
─────────
       5,12
+   230,40
+   256,00
─────────
    491,52
	59,3
	× 93,9
	─────────
	     53,37
	+ 177,90
	+ 5 337,00
	─────────
	 5 568,27

31,9
×   51,7
─────────
     22,33
+   31,90
+ 1 595,00
─────────
 1 649,23
	81,0
	× 39,4
	─────────
	     32,40
	+ 729,00
	+ 2 430,00
	─────────
	 3 191,40

86,0
×   87,0
─────────
      0,00
+   602,00
+ 6 880,00
─────────
 7 482,00
	11,7
	× 93,7
	─────────
	      8,19
	+ 35,10
	+ 1 053,00
	─────────
	 1 096,29

11,5
×   25,6
─────────
      6,90
+   57,50
+   230,00
─────────
    294,40
	41,5
	× 41,0
	─────────
	      0,00
	+ 41,50
	+ 1 660,00
	─────────
	 1 701,50

14,1
×   10,4
─────────
      5,64
+   0,00
+   141,00
─────────
    146,64
	86,5
	× 21,8
	─────────
	     69,20
	+ 86,50
	+ 1 730,00
	─────────
	 1 885,70

Week 48 **CORRECTION**

$75,8$ $\times83,0$ $0,00$ $+227,40$ $+\ 6\ 064,00$ $6\ 291,40$	$97,2$ $\times49,1$ $9,72$ $+874,80$ $+\ 3\ 888,00$ $4\ 772,52$
$20,8$ $\times92,1$ $2,08$ $+41,60$ $+\ 1\ 872,00$ $1\ 915,68$	$10,0$ $\times60,6$ $6,00$ $+0,00$ $+600,00$ $606,00$
$82,9$ $\times93,4$ $33,16$ $+248,70$ $+\ 7\ 461,00$ $7\ 742,86$	$65,5$ $\times13,2$ $13,10$ $+196,50$ $+655,00$ $864,60$
$38,8$ $\times88,8$ $31,04$ $+310,40$ $+\ 3\ 104,00$ $3\ 445,44$	$82,5$ $\times46,3$ $24,75$ $+495,00$ $+\ 3\ 300,00$ $3\ 819,75$
$86,4$ $\times12,4$ $34,56$ $+172,80$ $+864,00$ $1\ 071,36$	$84,4$ $\times8,3$ $25,32$ $+675,20$ $700,52$

Week 49 **CORRECTION**

| ```
          75,8
X         83,0
          0,00
+       227,40
+     6 064,00
      6 291,40
``` | ```
          97,2
X         49,1
          9,72
+       874,80
+     3 888,00
      4 772,52
``` |
| ```
          20,8
X         92,1
          2,08
+        41,60
+     1 872,00
      1 915,68
``` | ```
          10,0
X         60,6
          6,00
+         0,00
+       600,00
        606,00
``` |
| ```
          82,9
X         93,4
         33,16
+       248,70
+     7 461,00
      7 742,86
``` | ```
          65,5
X         13,2
         13,10
+       196,50
+       655,00
        864,60
``` |
| ```
          38,8
X         88,8
         31,04
+       310,40
+     3 104,00
      3 445,44
``` | ```
          82,5
X         46,3
         24,75
+       495,00
+     3 300,00
      3 819,75
``` |
| ```
          86,4
X         12,4
         34,56
+       172,80
+       864,00
      1 071,36
``` | ```
          84,4
X          8,3
         25,32
+       675,20
        700,52
``` |

Week 50   **CORRECTION**

$86,5$ $\times13,9$ $\overline{77,85}$ $+259,50$ $+865,00$ $\overline{1\ 202,35}$	$89,7$ $\times53,3$ $\overline{26,91}$ $+269,10$ $+\ 4\ 485,00$ $\overline{4\ 781,01}$
$84,4$ $\times43,9$ $\overline{75,96}$ $+253,20$ $+\ 3\ 376,00$ $\overline{3\ 705,16}$	$37,8$ $\times94,7$ $\overline{26,46}$ $+151,20$ $+\ 3\ 402,00$ $\overline{3\ 579,66}$
$11,3$ $\times85,8$ $\overline{9,04}$ $+56,50$ $+904,00$ $\overline{969,54}$	$27,5$ $\times35,0$ $\overline{0,00}$ $+137,50$ $+825,00$ $\overline{962,50}$
$5,9$ $\times84,9$ $\overline{5,31}$ $+23,60$ $+472,00$ $\overline{500,91}$	$29,8$ $\times35,8$ $\overline{23,84}$ $+149,00$ $+894,00$ $\overline{1\ 066,84}$
$37,5$ $\times11,8$ $\overline{30,00}$ $+37,50$ $+375,00$ $\overline{442,50}$	$73,2$ $\times24,5$ $\overline{36,60}$ $+292,80$ $+\ 1\ 464,00$ $\overline{1\ 793,40}$

Week 51 **CORRECTION**

| ``` 
         3,7
   X     6,9
       ─────
         3,33
   +    22,20
       ─────
        25,53
``` | ```
        72,7
   X    20,2
       ─────
        14,54
   +     0,00
   + 1 454,00
       ─────
     1 468,54
``` |
| ```
        10,6
   X    62,5
       ─────
         5,30
   +    21,20
   +   636,00
       ─────
       662,50
``` | ```
        13,3
   X    95,7
       ─────
         9,31
   +    66,50
   + 1 197,00
       ─────
     1 272,81
``` |
| ```
        71,3
   X    73,4
       ─────
        28,52
   +   213,90
   + 4 991,00
       ─────
     5 233,42
``` | ```
        10,3
   X     5,8
       ─────
         8,24
   +    51,50
       ─────
        59,74
``` |
| ```
        93,4
   X    92,9
       ─────
        84,06
   +   186,80
   + 8 406,00
       ─────
     8 676,86
``` | ```
        35,5
   X     3,7
       ─────
        24,85
   +   106,50
       ─────
       131,35
``` |
| ```
        56,2
   X    29,5
       ─────
        28,10
   +   505,80
   + 1 124,00
       ─────
     1 657,90
``` | ```
        81,7
   X    45,9
       ─────
        73,53
   +   408,50
   + 3 268,00
       ─────
     3 750,03
``` |

Week 52 — CORRECTION

$96,8$ $\times83,0$ $0,00$ $+290,40$ $+\ 7\,744,00$ $8\,034,40$	$19,1$ $\times9,2$ $3,82$ $+\ 171,90$ $175,72$
$9,6$ $\times58,7$ $6,72$ $+76,80$ $+\ 480,00$ $563,52$	$48,3$ $\times21,7$ $33,81$ $+48,30$ $+\ 966,00$ $1\ 048,11$
$67,1$ $\times35,8$ $53,68$ $+335,50$ $+\ 2\ 013,00$ $2\ 402,18$	$41,6$ $\times54,6$ $24,96$ $+166,40$ $+\ 2\ 080,00$ $2\ 271,36$
$47,7$ $\times32,3$ $14,31$ $+95,40$ $+\ 1\ 431,00$ $1\ 540,71$	$8,9$ $\times33,0$ $0,00$ $+26,70$ $+\ 267,00$ $293,70$
$74,2$ $\times44,7$ $51,94$ $+296,80$ $+\ 2\ 968,00$ $3\ 316,74$	$28,7$ $\times83,5$ $14,35$ $+86,10$ $+\ 2\ 296,00$ $2\ 396,45$

Printed in Great Britain
by Amazon